MICHEL ROUX

Dessertsaucen & Cremes

Für meinen Sohn Alain, der mit mir im »Waterside Inn« arbeitet.

Inhalt

4	Einleitung
6	Saucengrundlagen
8	**Rezepte**
10	Sirups und Frucht-Coulis
22	Süße Saucen
32	Cremesaucen
36	Sabayons
40	Cremes
50	Schokoladensaucen
52	Eiscremes
58	Sorbets
63	Register

Einleitung

Wenn ich an die Rezepte in diesem Buch denke – Frucht-Coulis mit ihrem natürlichen Eigengeschmack, flüssige süße Saucen, die sich wunderbar löffeln lassen, herrlich frisch schmeckende Eiscremes und Sorbets, lockere und weiche Cremes und Sabayons als Begleiter zu Desserts und Gebäck –, dann gerate ich richtig ins Schwärmen.

Ich erinnere mich noch gut daran, wie ich als Fünfjähriger auf Zehenspitzen im Dickicht der Sträucher Brombeeren pflückte. Sobald wir nach Hause kamen, griff ich mir unser Passiergerät und drückte die Beeren durch und es entstand ein wunderbar duftendes Püree. Meine Mutter gab dann einen Löffel Zucker und Zitronensaft hinzu und verwandelte es so in einen Coulis. Anschließend bereitete sie einen Karamelpudding zu, den wir sofort aßen, sobald er ausgekühlt war. Meine Mutter servierte ihn auf einem See von Brombeer-Coulis. Es gibt keine Worte für diesen unglaublichen Genuß.

Wenn Genuß ein Kapitalverbrechen ist, dann habe ich es seit meiner Kindheit immer wieder begangen und werde es auch weiter begehen, denn ich liebe es zu naschen. Diese Erinnerung an das Brombeerpflücken ruft mir auch wieder ins Gedächtnis, wie ich in Charolles Birnen, die vom Baum gefallen waren, aufsammelte. Mutter pochierte dann die reifsten von ihnen in wenig Wasser und Zucker. Anschließend kochte sie die Garflüssigkeit zu einem leichten Sirup ein und überglänzte damit eine Kirschtarte oder einen Clafoutis, den es sonntags als Nachtisch gab. Sie mußte mich niemals bitten, zu Tisch zu kommen. Wenn die Tarte aus dem Ofen kam, wartete ich bereits ungeduldig auf diesen göttlichen Moment ... Meine Geschmacksnerven wurden von dem unbeschreiblich lieblichen Duft, den sie entfaltete, regelrecht betört, und mir lief das Wasser im Mund zusammen.

Später, als ich vierzehn Jahre alt war, begann ich meine Lehre als Pâtissier – eine märchenhafte Zeit. Von diesem Moment an erschloß sich mir das Reich der Mousses und Cremes, das meine Mutter niemals kennengelernt hatte. Mein absolutes Lieblingsrezept war Chiboust-Creme, die ich wegen ihrer lockeren und samtigen Konsistenz so gern mochte. Ich liebte es, sie in einen Spritzbeutel mit Rund- oder Sterntülle zu geben und feinstes Gebäck damit zu füllen oder zu verzieren. Während meiner Lehrzeit entdeckte ich auch die wunderbare »Kuvertüre«, die Schokolade, die von Konditoren für Ostereier und Schokoladentiere und sogar für Saucen verwendet wird. Ich lernte, daß ein paar in Milch aufgebrühte Minzeblätter diesen Schokoladensaucen eine besonders frische Geschmacksnote geben und den Geschmack der Schokolade voll zur Geltung bringen.

Meinem Empfinden nach lohnt es sich außerordentlich, alle süßen Saucen, Coulis, Eiscremes und Sorbets ausführlich zu beschreiben. Ich liebe sie über alles, und ich widme mich ihnen mit all meiner Kreativität und Phantasie, um ihnen eine neue Dimension zu geben. Ich entwerfe immer neue Abwandlungen von ihnen oder erfinde sie neu, wobei ich immer darauf achte, daß der Geschmack der Hauptzutat eines Desserts nicht überdeckt wird.

Früchte sind etwas Wunderbares, sie bersten vor wertvollen Vitaminen, die für unser Wohlbefinden unerläßlich sind. Ich kann nur jeden von uns, ob jung oder alt, ermutigen, möglichst viel Obst zu essen. Es gibt so viele unterschiedliche Früchte (z. B. allein 1500 Birnensorten), die in einer Üppigkeit angeboten werden, daß es dem unkundigen Koch nicht selten schwerfällt, die richtige Wahl zu treffen. Stellen Sie sich nur vor, wie schwierig es da für unsere Pâtissiers ist, für jede einzelne ein Rezept zu kreieren.

Saucengrundlagen

Seit undenklichen Zeiten werden Kinder vom süßen Duft von Vanille, Zitrone und karamelisiertem Zucker angelockt, Zutaten, die ihre Mütter und Großmütter für Süßspeisen verwenden. Früher wurden Cremes und Saucen, die zu süßen Leckereien gereicht wurden, mit Butter, Sahne und Eiern regelrecht überladen. Heute jedoch sind bekömmlichere, leichtere Saucen gefragt, die Löffel für Löffel ebenso köstlich schmecken wie die alten Klassiker. Fruchtsaucen und Coulis werden heutzutage zu den verschiedensten Desserts serviert, angefangen von Charlotten, Mousses und Kuchen bis hin zu warmen Früchtetartes. Herrlich frisch schmeckende Sorbets hingegen bilden den krönenden Abschluß eines jeden Menüs.

Die goldenen Regeln

Hier die wichtigsten Grundregeln, die bei der Ausführung eines Rezeptes zu beachten sind, damit Saucen auch wirklich gelingen:

- Legen Sie alles Gerät, das Sie für das jeweilige Rezept benötigen, bereit.
- Wiegen und messen Sie alle Zutaten, bevor Sie ein Rezept ausführen.
- Bedenken Sie, daß die in den Rezepten genannten Zubereitungszeiten so berechnet sind, daß alle Zutaten bereits gewogen und abgemessen sind und das entsprechende Gerät parat ist.

Die Grundzutaten

Damit Sie bei der Zubereitung von Saucen, Cremes und Eiscremes auch wirklich exzellente Ergebnisse erzielen, sollten Sie bei Grundzutaten wie Butter, Eiern und Sahne ausschließlich frischeste Ware von allerbester Qualität verwenden.

Butter: Soweit nicht anders angegeben, nur beste ungesalzene Butter nehmen.

Schokolade: Für Saucen nur feinste Schokolade von allerbester Qualität wählen. Servieren Sie Schokoladensaucen bei der richtigen Temperatur (30–40 °C).

Eier: Ich verwende Eier, die 55–65 g wiegen. Für manche Rezepte werden nur Eigelb oder Eiweiß gebraucht. Damit nichts weggeworfen werden muß, überschüssiges Ei einfrieren. Eiweiß ist gefriergeeignet und hält so etwa 6 Monate. Eigelb sollte vor dem Einfrieren mit etwa 5–10 % Zucker leicht geschlagen werden. Eigelb nicht länger als 4 Wochen einfrieren. Sowohl Eiweiß als auch Eigelb vor der weiteren Verwendung auftauen.

Gelatine: Ich nehme Blattgelatine, die pro Blatt etwa 3 g wiegt. Sie können aber auch die gleiche Menge pulverisierte Gelatine verwenden, die vor der weiteren Verwendung in etwas warmem Wasser aufgelöst wird.

Mehl: Nehmen Sie nur Auszugsmehl, das zuvor gesiebt wurde.

Zucker: Soweit nicht anders angegeben, extrafeinen Zucker verwenden.

Dessertsaucen

Die Sauce zu einem Dessert wird auf die in der Süßspeise verwendete Hauptzutat abgestimmt. Eine süße Sauce sollte den Eigengeschmack dieser Zutat unterstreichen, ihn aber auf keinen Fall überdecken. Bedenken Sie, daß das Dessert der glanzvolle Abschluß eines jeden Menüs ist und einen bleibenden Eindruck hinterläßt. Deshalb muß es einwandfrei zubereitet sein.

Cremes

Cremes haben unterschiedliche Farben und Konsistenzen. Sie sind samtig weich und schmecken köstlich. Wenn Sie verschiedene Cremes klug miteinander vermischen, entstehen meist erstaunliche und deliziös schmeckende neue Kreationen von außergewöhnlicher Farbe und Geschmacksrichtung. Und doch: Halten Sie sich zurück! Probieren Sie Neuschöpfungen immer erst in ihrem engsten Familienkreis aus, experimentieren Sie nie, wenn Sie Gäste erwarten!

Cremes sind nicht sehr lange haltbar, im Kühlschrank halten sie meist nicht länger als zwei bis drei Tage. Nehmen Sie sie etwa 30 Minuten vor der weiteren Verwendung aus dem Kühlschrank. Nur sehr wenige Cremes sind gefriergeeignet.

Frucht-Coulis

Diese herrlich frisch schmeckenden Saucen regen die Sinne an mit ihren Farben und Geschmacksrichtungen von süß bis bitter oder sauer, je nachdem, welche Frucht verwendet wurde. Um Farbe und Geschmack noch zu intensivieren, reichen schon kleinste Mengen an Gewürzen. In gut schließenden Behältern können Frucht-Coulis problemlos mehrere Tage im Kühlschrank aufbewahrt werden.

Eiscremes und Sorbets

Von allen Desserts sind sie am beliebtesten. Eis und Sorbets schmecken göttlich, ganz gleich, ob sie nun mit Milch, Eiern, Sahne oder Früchten zubereitet werden oder ob sie naturbelassen oder mit Alkohol und Gewürzen verfeinert serviert werden. Ein Eis zuzubereiten ist so einfach, wie einen Cocktail zu mischen. Eismaschinen für den Hausgebrauch sind einfach zu bedienen und werden immer günstiger und leistungsfähiger. Die Rezepte in diesem Buch sind ausschließlich auf die Zubereitung zu Hause abgestimmt und nicht auf die kommerzielle Herstellung, bei der Konservierungsstoffe und andere Zusatzstoffe zum Einsatz kommen, die mit dem Geschmack von Eiscreme nichts zu tun haben.

Doch Vorsicht! Eiscremes und Sorbets sind ein guter Nährboden für Krankheitserreger. Um dieser Gefahr vorzubeugen, sollten Sie die Eiscreme- oder Sorbetmasse vor dem Auskühlen und Gefrieren 15 Sekunden bei 80 °C erhitzen. Achten Sie auch darauf, daß alles verwendete Gerät absolut sauber ist.

Rezepte

Ein weltberühmter Klassiker unter den süßen Saucen ist die Vanillesauce oder Englische Creme, die leider durch schlechte Zubereitung und falsche Verwendung stark in Verruf geraten ist. Eine Vanillesauce sollte die Beschaffenheit einer erstklassigen Hollandaise haben: cremig, üppig, gehaltvoll, aber dennoch delikat, kurzum, für den Gaumen ein echtes Geschmackserlebnis.

Aus diesem Grund habe ich mein Rezept für Vanillesauce so präzise wie möglich formuliert und mit anschaulichen Fotos illustriert, die die einzelnen Arbeitsschritte verdeutlichen.

Frucht-Coulis schmecken herrlich erfrischend und passen vorzüglich zu Eiscremes und Sorbets.

Zum Dessert oder zu Früchten nie mehr als ein oder zwei Frucht-Coulis zusammen auf einem Teller servieren. Jeder Coulis hat seinen charakteristischen Eigengeschmack, der sich nicht unbedingt mit einem anderen verträgt.

Pochierte Birnen mit Brombeer-Coulis.

Zuckersirup für Sorbets und Frucht-Coulis
Sirop à sorbet ou coulis de fruits

Dieser Zuckersirup wird zusammen mit Früchten als Basis für Fruchtsorbets und Coulis verwendet, die zu fast allen Desserts passen.

Zutaten:
400 g feinkörniger Zucker
350 ml kaltes Wasser
50 g Glukosesirup

Ergibt etwa 700 ml
Zubereitungszeit: 5 Minuten
Garzeit: etwa 7 Minuten

Den Zucker mit Wasser und Glukosesirup in einen Topf geben und bei schwacher Hitze aufkochen, dabei ständig mit einem Holzlöffel rühren. Die Zuckerlösung 3 Minuten kochen, falls nötig, abschäumen. Den Sirup durch ein feinmaschiges Sieb gießen und bei Raumtemperatur völlig erkalten lassen, anschließend im Kühlschrank aufbewahren.

Der Zuckersirup hält sich luftdicht verschlossen bis zu 2 Wochen im Kühlschrank.

Grapefruit-Coulis mit Minze
Coulis de pamplemousse à la menthe

Dieses erfrischende Fruchtpüree harmoniert gut mit Orangen-Desserts, einer Schokoladen-Charlotte oder einem Sorbet von schwarzen Johannisbeeren. Sehr hübsch sieht es aus, wenn Sie den Coulis zusätzlich mit feinen Streifen von Minzeblättern garnieren.

Zutaten:
2 Grapefruits, möglichst mit rotem Fruchtfleisch (pro Stück etwa 400 g)
10 g frische Minze, kleingeschnitten
40 g feinkörniger Zucker
150 g Naturjoghurt
25 ml Wodka

Für 6 Personen
Zubereitungszeit: 5 Minuten

Die Grapefruits mit einem kleinen Messer so schälen, daß die weiße Innenhaut dabei völlig entfernt wird, und anschließend jede Frucht in sechs Teile schneiden. Die Fruchtstücke mit der Minze und dem Zucker 1 Minute im Mixer pürieren, dann durch ein feinmaschiges Spitzsieb in eine Rührschüssel streichen. Den Joghurt unterrühren und zuletzt den Wodka hinzufügen. Das Püree eiskalt servieren.

Coulis von roten Johannisbeeren *Coulis de groseilles*

Es ist die einfachste Fruchtsauce, die man sich nur vorstellen kann. Die einfachsten sind aber häufig die besten. Da dieser Coulis nicht gekocht wird, bleibt die ganze Frische der Frucht erhalten und die Sauce schmeckt köstlich. Am besten schmeckt sie zu Früchten mit weißem Fleisch, wie Pfirsichen und Birnen, oder zu Vanilleeis und Eis-Soufflés.

Zutaten: *Für 4 Personen*

350 g rote Johannisbeeren, die Stiele entfernt
Saft von 1 Zitrone
100 ml Zuckersirup für Sorbets (s. S. 10)

Zubereitungszeit: 3 Minuten

Alle Zutaten in einen Mixer geben und 30 Sekunden pürieren. Durch ein Spitzsieb drücken und schon ist die Sauce fertig. Im Kühlschrank hält sie bis zu 3 Tage.

Coulis von schwarzen Johannisbeeren
Coulis de fruits de cassis

Diese sehr frisch schmeckende Johannisbeersauce ist eine außergewöhnliche Beigabe zu Schnee-Eiern. Man kann auch aufgetaute schwarze Johannisbeeren anstelle frischer nehmen.

Zutaten: *Für 6 Personen*

450 g frische schwarze Johannisbeeren, die Stiele entfernt
150 ml Zuckersirup für Sorbets (s. S. 10)
Saft von 1 Zitrone
Extrafeiner Zucker

Zubereitungszeit: 5 Minuten

Die Johannisbeeren gründlich unter fließendem Wasser waschen und abtropfen lassen. Mit dem Zuckersirup und dem Zitronensaft in den Mixer geben und fein pürieren. Durch ein Nylonsieb in eine Schüssel streichen (Metall verfärbt und verdirbt schwarze Johannisbeeren). Den Coulis probieren und eventuell etwas Zucker hinzufügen. Abdecken und bis zum Servieren kalt stellen.

Erdbeer-Coulis mit grünem Pfeffer
Coulis de fraises au poivre vert

Diese fruchtige Sauce serviere ich am liebsten zu einem Zitronensorbet, einer Vanille-Eiscreme oder auch einem pochierten Pfirsich oder einer Pfirsich-Charlotte. Im Sommer gibt es bei mir oft Appetithäppchen mit hauchdünnen Scheiben von roh mariniertem Thunfisch, garniert mit dieser erfrischenden Sauce.

Zutaten:

500 g reife Erdbeeren, Blattrosette mit Stielansatz entfernt
10 g eingelegte grüne Pfefferkörner, gut abgetropft
100 ml Zuckersirup (s. S. 10)
Saft von ½ Zitrone
10 g Mohnsamen (nach Belieben)

Für 8 Personen
Zubereitungszeit: 5 Minuten

Die Erdbeeren mit Pfefferkörnern, Zuckersirup und Zitronensaft in einen Mixer geben (1) und fein pürieren (2 und 3). Das Püree durch ein feinmaschiges Spitzsieb streichen (4) und nach Belieben kurz vor dem Servieren mit den Mohnsamen bestreuen.

Brombeer-Coulis   *Coulis de mûres*

Dieses herrliche Fruchtpüree paßt zu fast allen Charlotte-Rezepten. Nicht minder köstlich ist es zu Parfaits oder Eisbomben und Eiscremes wie Kokos-, Vanille- oder Bananeneis. Wie alle Frucht-Coulis hält sich auch diese Zubereitung in einem luftdicht verschlossenen Gefäß mehrere Tage im Kühlschrank.

Zutaten:

350 g reife Brombeeren, Stiele und Blütenansatz entfernt
50 ml Kirschwasser
150 ml Zuckersirup (s. S. 10)
Saft von ½ Zitrone

Für 8 Personen
Zubereitungszeit: 5 Minuten

Alle Zutaten in einen Mixer geben und etwa 1 Minute pürieren. Das Püree durch ein feinmaschiges Spitzsieb streichen und den Coulis gut gekühlt servieren.

Coulis von Rotweinbirnen
Coulis de poires au vin rouge

Reichen Sie diesen geschmacksintensiven Coulis zu einem geeisten Vacherin, zu einer Saint-Honoré-Torte, gefüllt mit Schlagsahne und roten Beeren, oder zu einem einfachen Kompott von frischen Aprikosen. Luftdicht verschlossen läßt sich der Coulis problemlos ein paar Tage im Kühlschrank aufbewahren.

Zutaten:

3 reife Birnen (je etwa 200 g)
1 Prise gemahlener Zimt
100 ml Rotwein, vorzugsweise ein Bordeaux
30 ml kaltes Wasser
Saft von ½ Zitrone
150 g feinkörniger Zucker

Für 6 Personen

Zubereitungszeit: 10 Minuten plus weitere 30 Minuten für das Marinieren

Die Birnen schälen, halbieren und entkernen. Das Fruchtfleisch in kleine Stücke schneiden und mit Zimt und Rotwein in eine Schüssel geben. Die Schüssel mit Klarsichtfolie abdecken und die Birnenstückchen 30 Minuten durchziehen lassen.

Wasser, Zitronensaft und Zucker in einen Topf mit extrastarkem Boden geben. Die Mischung auf kleinster Flamme erhitzen und zu hellem Karamel kochen. Den Topf von der Kochstelle nehmen und vorsichtig den Rotwein zugießen. Genügend Abstand halten, da es beim Zusammentreffen von kaltem Wein und heißem Karamel leicht spritzt. Nach 5 Minuten den verdünnten und abgekühlten Karamel mit einem Holzlöffel umrühren und über die Birnen gießen. Das Ganze im Mixer fein pürieren und den fertigen Coulis eisgekühlt servieren. Zu dick geratenes Püree mit 2 oder 3 Eßlöffeln kaltem Wasser verdünnen.

Rhabarber-Coulis   *Coulis de rhubarbe*

Dieser herrlich frisch schmeckende Coulis paßt sehr gut zu einer Nougat-Eistorte *(Nougat glacé)* oder einer Schnee-Torte auf Meringeboden *(Vacherin)*, die ohne Sauce zu üppig und zuckerig sein können. Je nach Jahreszeit und Alter des Rhabarbers können Sie die Wassermenge zum Kochen variieren.

Zutaten:
250 g zarte junge Rhabarberstiele, in kleine Würfel geschnitten
100 ml Wasser
100 g extrafeiner Zucker
1 Vanilleschote, längs aufgeschlitzt

Für 6 Personen
Zubereitungszeit: 3 Minuten
Garzeit: etwa 8 Minuten

Alle Zutaten in einen Topf mit extrastarkem Boden geben und langsam zum Kochen bringen. Sobald der Rhabarber weich genug ist, mit einem Löffel zerdrücken, vom Herd nehmen und die Vanilleschote entfernen.

Den Rhabarber in einen Mixer füllen und 2 Minuten pürieren, dann durch ein Spitzsieb drücken. Den Coulis bei Raumtemperatur stehen lassen, damit sein wunderbarer Duft erhalten bleibt. Wenn er zu dick ist, etwas kaltes Wasser unterrühren und dann servieren.

Beeren-Coulis   *Coulis de fruits rouges*

Dieser frisch schmeckende Coulis wird am besten aus frischen Sommerfrüchten zubereitet. Reichen Sie ihn zu Desserts mit Beeren, wie Erdbeeren und Himbeeren.

Zutaten:
100 g Erdbeeren
100 g Himbeeren
40 g extrafeiner Zucker
Saft von 1/2 Zitrone
2 EL Wasser

Für 4 Personen
Zubereitungszeit: 5 Minuten

Die Erdbeeren waschen, abtropfen lassen und die Stiele entfernen. Die Stiele der Himbeeren entfernen, die Beeren aber nicht waschen. Die Früchte mit dem Zucker, dem Zitronensaft und dem Wasser in einen Mixer geben. 1 Minute pürieren, dann durch ein Spitzsieb drücken und im Kühlschrank kühl stellen. Servieren.

Trauben-Coulis mit Armagnac
Coulis de raisins à l'Armagnac

Bereiten Sie diesen Coulis im Herbst zu, wenn sonnengereifte Weintrauben besonders aromatisch sind. Ich nehme am liebsten Muskattrauben, denn die Trauben sind sehr fleischig und süß. In Europa sind sie leider nur im August und in den ersten beiden Septemberwochen erhältlich. Nehmen Sie außerhalb dieser Zeit andere fleischige Trauben mit Kernen, wie Italia. Nehmen Sie aber auf keinen Fall kernlose Trauben, denn sie besitzen einfach nicht genug Geschmack. Dieser Coulis harmoniert traumhaft mit frischen sonnengereiften Feigen.

   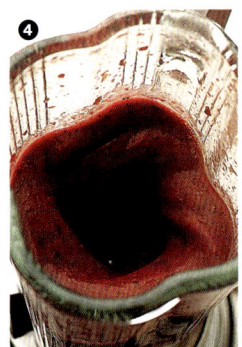

Zutaten:
50 g Butter
75 g extrafeiner Zucker
500 g Tafeltrauben mit Kernen, vorzugsweise Muskattrauben
75 ml Armagnac

Für 6 Personen
Zubereitungszeit: 5 Minuten
Garzeit: etwa 20 Minuten

Die Butter in einem schweren Topf aufschäumen lassen (1), den Zucker einrühren und die Trauben hinzufügen. Bei schwacher Hitze etwa 20 Minuten glasieren (2), dann den Armagnac angießen und flambieren (3). Wenn sich die Flammen gelegt haben, die Trauben einige Minuten in dem Sirup abkühlen lassen.

Den Inhalt in einen Mixer gießen und 30 Minuten pürieren (4), dann durch ein Spitzsieb drücken. Die Sauce kalt stellen und vor dem Servieren sorgfältig durchrühren.

Mango-Coulis mit Safran *Coulis de mangues safrané*

Ich war begeistert von meiner Idee, diesen köstlichen Coulis anstelle von Englischer Creme zu *île flottante* (weiche pochierte Schnee-Eier auf einem See von Sauce) zu reichen. Sie können diese wunderbare Sauce auch zu einem »Igel« aus Mangoscheiben reichen, der mit gerösteten Mandelblättern gespickt und mit Walderdbeeren garniert wird. Das Zusammenspiel von Farben und Geschmack ist göttlich.

Für 6 Personen
Zubereitungszeit: 5 Minuten

Zutaten:

250 g Mango-Fruchtfleisch, gewürfelt
250 ml Zuckersirup für Sorbets (S. 10)
Saft ½ Zitrone
¼ TL Safranfäden

Die Mango mit dem Zitronensaft und, bis auf 2 EL, mit dem Zuckersirup in den Mixer geben. Die Zutaten 2 Minuten pürieren und durch ein Spitzsieb drücken.
Den restlichen Zuckersirup mit den Safranfäden in einem kleinen schweren Topf leicht erhitzen und abkühlen lassen. Sobald der Zuckersirup ausgekühlt ist, unter den Mango-Coulis rühren und kalt stellen. Servieren.

Schnee-Eier auf einem
See von Mango-Coulis
mit Safran.

Pfirsich-Coulis mit Lavendelhonig
Coulis de pêches au miel de lavande

Eine wahre Entdeckung für all diejenigen, die diese Sauce noch nie probiert haben. Sie schmeckt göttlich zu getoastetem Brioche oder einfach großzügig über eine Schale mit Walderdbeeren gegossen.

Zutaten:
4 sehr reife Pfirsiche, vorzugsweise mit weißem Fleisch
Saft von 1 Zitrone
4 EL Lavendelhonig
150 ml Wasser
1 Zweig blühender Lavendel (nach Belieben)

Für 6 Personen
Zubereitungszeit: 6 Minuten
Garzeit: etwa 8 Minuten

Die Pfirsiche schälen, halbieren und die Steine entfernen. Mit dem Honig, dem Zitronensaft und dem Wasser in einen schweren Topf geben und bei schwacher Hitze zum Kochen bringen. 5 Minuten sanft pochieren, dann den Lavendelzweig zugeben und noch 30 Sekunden köcheln lassen.

Ein paar Minuten abkühlen lassen, dann den Inhalt des Topfes in einen Mixer geben und 1 Minute pürieren. Die Sauce durch ein Spitzsieb passieren und vollständig auskühlen lassen. Mindestens 30 Minuten in den Kühlschrank stellen, erst dann servieren.

Coulis von weißen Pfirsichen mit Sternanis
Coulis de pêches blanches à l'anis étoilé

Dieser Coulis paßt zu weißfleischigen Pfirsichen, aber auch zu Walderdbeeren oder anderen zarten Beerenfrüchten.

Zutaten:

2 reife weiße Pfirsiche
400 ml Wasser
150 g feinkörniger Zucker
4 ganze Sternanis und 2 Gewürznelken, eingebunden in ein Stück Musselin
Saft von 1 Zitrone
Saft von 2 Orangen, vorzugsweise Blutorangen
1 EL Grenadine (falls keine Blutorangen verwendet werden)

Für 8 Personen
Zubereitungszeit: 10 Minuten
Garzeit: etwa 20 Minuten

Die Pfirsiche mit kochendheißem Wasser übergießen (1) und nach 15 Sekunden in Eiswasser abschrecken. Die Pfirsiche häuten und mit einem Messer halbieren, ohne den Stein zu entfernen. Die Pfirsichhälften in einen Topf geben. Wasser, Zucker, Sternanis, Gewürznelken und Zitronensaft zugeben und auf kleiner Flamme bis knapp unter den Siedepunkt erhitzen. 20 Minuten (2) sanft köcheln, dann 15 Minuten bei Zimmertemperatur abkühlen lassen. Die Steine und die Gewürze entfernen. Den Topfinhalt im Mixer (3) pürieren. Das Püree durch ein Spitzsieb passieren und kühl stellen.

Für den Orangensirup den Orangensaft durch ein Sieb in einen kleinen Topf gießen. Gegebenenfalls Grenadine zugeben und die Flüssigkeit bei schwacher Hitze sirupartig einkochen. Beiseite stellen.

Die gewünschten Dessertfrüchte auf Tellern anrichten, mit dem Pfirsich-Coulis umgießen und den Orangensirup in dünnem Strahl kreisförmig auf das Pfirsichpüree fließen lassen. Einen kleinen Spieß oder die Spitze eines Messers zickzackförmig durch den Sirup ziehen, so daß die Farben ineinanderlaufen und ein hübsches Muster ergeben.

Heiße Aprikosensauce *Sauce aux abricots chaude*

Diese Sauce schmeckt ausgezeichnet zu Bratäpfeln, exotischen Früchtesoufflés und Milchspeiseeis aus Nüssen, wie Mandeln und Walnüssen.

Zutaten:
300 g sehr reife Aprikosen
75 g extrafeiner Zucker
200 ml Wasser
1 EL fein geschnittene Minzeblätter
1 EL Kirsch (nach Belieben)

Für 6 Personen
Zubereitungszeit: 5 Minuten
Garzeit: etwa 10 Minuten

Die Aprikosen halbieren und die Steine entfernen. Mit dem Zucker und dem Wasser in einen schweren Topf geben und etwa 10 Minuten garen, bis sie weich sind. Die genaue Zeit hängt von dem Reifegrad der Aprikosen ab. In einen Mixer umfüllen und 1 Minute pürieren, dann durch ein Spitzsieb passieren.

Die geschnittene Minze und nach Geschmack den Kirsch hinzufügen. Servieren Sie die Sauce heiß, damit sie ihr ganzes Aroma entfalten kann.

Heiße Karamel-Buttersauce *Sauce caramel au beurre*

Servieren Sie diese üppige Sauce zu Vanilleeis oder einem mit Spritzguß verzierten heißen Apfeldessert, wie Apfel-Charlotte. Ein Genuß!

Zutaten:
1 Vanilleschote
400 ml Sahne
120 ml Rohrzuckersirup (Golden Syrup)
75 g extrafeiner Zucker
60 g Butter oder nach Geschmack

Für 8 Personen
Zubereitungszeit: 5 Minuten
Garzeit: etwa 7 Minuten

Die Vanilleschote längs aufschlitzen und das Mark mit einer Messerspitze herauskratzen. Mit der Sahne, dem Rohrzuckersirup und dem Zucker in einen schweren Topf geben. Erhitzen und mit einem kleinen Schneebesen unter ständigem Rühren sanft köcheln lassen, bis die Flüssigkeit die Farbe von hellen Haselnüssen annimmt. Vom Herd nehmen, sofort die Butter in kleinen Stücken unterschlagen, bis sie vollständig in das flüssige Karamel eingearbeitet ist und die Sauce üppig glänzt. Sehr heiß servieren.

Minzsauce *Sauce à la menthe*

Diese cremige Sauce schmeckt ausgezeichnet zu ausgelöstem Fruchtfleisch von Orangen und Grapefruits oder zu einer Erdbeertorte. Sie paßt auch sehr gut zu Schnee-Eiern anstelle der sonst üblichen Vanillesauce.

Zutaten: *Für 4 Personen*

250 ml Milch — *Zubereitungszeit: 15 Minuten*

75 g feinkörniger Zucker — *Garzeit: etwa 5 Minuten*

40 g frische Minze

3 Eigelb

1 EL kleingeschnittene Minze

Ein paar Tropfen grüner Pfefferminzsirup

Die Milch und zwei Drittel der Zuckermenge in einen Topf geben und langsam erhitzen. Sobald die Milch kocht, die Herdplatte ausschalten, die 40 g Minze zugeben und zugedeckt 10 Minuten ziehen lassen. Anschließend die Minze entfernen.

Das Eigelb und den restlichen Zucker in eine Schüssel geben und mit einem Schneebesen aufschlagen, bis eine dicke, hellgelbe Masse entsteht, die bandartig vom Löffel fließt. Die aromatisierte Milch unter Rühren zugießen. Diese Mischung zurück in den Topf geben und unter ständigem Rühren behutsam erhitzen, bis die Sauce etwa 80 °C warm ist und leicht am Löffel haftet. Zur Überprüfung der Konsistenz mit dem Finger über den Löffel fahren. Es sollte eine deutliche Spur sichtbar sein. Die Sauce dann sofort durch ein feinmaschiges Spitzsieb in eine Schüssel seihen. Bei Zimmertemperatur abkühlen lassen und dabei von Zeit zu Zeit umrühren, damit die Sauce nicht gerinnt und sich auf ihrer Oberfläche keine Haut bildet.

Die Sauce mit Folie abdecken. Sie kann bis zu 48 Stunden im Kühlschrank aufbewahrt werden. Kurz vor dem Servieren ein paar Tropfen Pfefferminzsirup und die kleingeschnittene Minze unterrühren.

Rumsauce *Sauce au rhum*

Die ideale Beigabe zu Brotpudding, englischem Plumpudding und Rum-Rosinen-Eiscreme.

Zutaten:
300 ml Crème double
60 g feinkörniger Zucker
5 g Stärkemehl, in 2 EL Milch aufgelöst
75 ml brauner Rum, vorzugsweise Captain Morgan oder Negrita
20 g Sultaninen, blanchiert, abgeschreckt und abgetropft

Für 6 Personen
Zubereitungszeit: 5 Minuten
Garzeit: etwa 10 Minuten

Sahne und Zucker in einen kleinen Topf geben und bei schwacher Hitze zum Kochen bringen. Das angerührte Stärkemehl unterrühren, 2 Minuten köcheln lassen, dann den Rum zugießen. Weitere 2 Minuten köcheln, zum Schluß die Sultaninen unterrühren und die fertige Sauce sehr heiß servieren.

Honigsauce *Sauce au miel*

Diese so herrlich nach Honig duftende Sauce schmeckt vorzüglich zu Crêpes oder knusprigen Apfeltörtchen.

Für 8 Personen
Zubereitungszeit: 5 Minuten
Garzeit: etwa 10 Minuten

Zutaten:
200 g reife Bananen (geschält gewogen)
Saft von 1 Zitrone
300 ml Zuckersirup (s. S. 10)
5 g gemahlener Ingwer
60 g Honig

Die Bananen in Scheiben schneiden und sofort im Zitronensaft (1) wenden, damit sie nicht braun werden. Mit Sirup, Ingwerpulver und Honig (2) in einen Topf geben und 5 Minuten kochen. Die Mischung im Mixer fein pürieren, dann die Sauce durch ein Spitzsieb in eine Schüssel passieren (3). Die Sauce rühren, bis sie erkaltet ist.

Rotweinsauce *Sauce au vin rouge*

Ich serviere diese Sauce zu pochierten Pfirsichen und Birnen oder zu einem in eine Terrinenform oder kleine Förmchen gefüllten Reispudding.

Für 8 Personen
Zubereitungszeit: 5 Minuten
Garzeit: etwa 10 Minuten

Zutaten:
500 ml Rotwein, vorzugsweise Pinot noir
1 Zimtstange, gebrochen
1 Nelke
2 Vanilleschoten, längs aufgeschlitzt
Saft und Schale von 1 Orange
200 g extrafeiner Zucker
1 Prise Muskatnuß
1 EL Minzeblätter

Alle Zutaten außer Muskat und Minze in einen schweren Topf geben (1). Köcheln lassen, bis die Flüssigkeit um ein Drittel eingekocht ist (2). Vom Herd nehmen und den Muskat und die Minze zugeben, dann die Sauce durch ein Spitzsieb passieren (3). Mindestens 30 Minuten kalt stellen und servieren.

Süßholzsauce *Sauce à la réglisse*

Diese ausgefallene Sauce schmeckt angenehm nach Lakritze und paßt sehr gut zu einer Birnentarte, zu einem Mirabellenkuchen, zu Pistazien-Eiscreme oder zu einem Kompott von gelbfleischigen Pfirsichen.
   Die geschlagene Sahne macht die Sauce luftiger, wird aber erst ganz kurz vor dem Servieren untergehoben.

Zutaten für die Englische Creme:
3 Eigelb
60 g feinkörniger Zucker
250 ml Milch
25 g eingedickter Süßholzsaft oder
50 g Lakritzenstangen, kleingeschnitten
50 ml Schlagsahne, leicht geschlagen

Für 6 Personen
Zubereitungszeit: 15 Minuten
Garzeit: etwa 5 Minuten

Die Englische Creme nach Rezeptanweisung zubereiten (s. S. 33), jedoch anstelle der Vanillestange den Süßholzsaft oder die Lakritze hinzufügen.

Karamelsauce *Sauce caramel*

Diese einfache und doch köstliche Sauce paßt zu einer Vielzahl von Desserts. Man kann sie sogar unter einen Joghurt rühren. Luftdicht verschlossen hält sie sich mehrere Tage im Kühlschrank.

Zutaten:
100 g feinkörniger Zucker
75 g weiche Butter
1 Vanilleschote, längs aufgeschnitten und das Mark herausgekratzt
400 ml Crème double

Für 6 Personen
Zubereitungszeit: 5 Minuten
Garzeit: etwa 15 Minuten

Butter, Zucker und Vanillemark in einen Topf mit extrastarkem Boden geben und unter ständigem Rühren mit einem Holzlöffel ganz langsam erhitzen, bis der Zucker aufgelöst ist. Die Zuckerlösung zu Karamel kochen, dann sofort den Topf von der Kochstelle ziehen und die Sahne unterrühren. (Vorsicht beim Zugießen der Sahne, denn der Karamel spritzt leicht.) Alles gründlich miteinander verrühren und die Sauce bei mittlerer Hitze weitere 5 Minuten kochen, dabei ständig weiterrühren. Die Sauce sollte zum Schluß glatt und glänzend sein. Durch ein feinmaschiges Spitzsieb gießen und bis zum Servieren auf Zimmertemperatur abkühlen lassen.

Üppige Karamelsauce *Sauce caramel riche*

Diese Sauce sollte sehr kalt serviert werden. Man kann sie auch in eine Eismaschine geben und ein leckeres Karameleis daraus herstellen. Soll die Sauce etwas leichter sein, können Sie die Eigelb auch weglassen, obwohl sie die Sauce sämiger, weniger flüssig und feiner machen.

Zutaten:
100 g extrafeiner Zucker
80 ml Wasser
500 ml Crème double
2 Eigelb, leicht geschlagen

Ergibt 700 ml
Zubereitungszeit: 5 Minuten
Garzeit: etwa 5 Minuten

Den Zucker und das Wasser in einen großen schweren Topf geben und bei geringer Hitze kochen, bis sich der Zucker vollständig aufgelöst hat und zu kochen beginnt. Mit einem in kaltes Wasser getauchten Backpinsel die Innenränder des Topfes bestreichen, damit sich am Rand keine Zuckerkristalle bilden können. Die Zuckerlösung kochen, bis sie die Farbe von Bernstein annimmt und die Oberfläche leicht zu rauchen beginnt. Sofort vom Herd nehmen und vorsichtig die Crème double zugießen. (Der Karamel spritzt und brodelt einige Sekunden.)

Die Sauce erneut erhitzen und mit einem Schneebesen schlagen. Die Sauce 2–3 Minuten köcheln lassen und vom Herd nehmen.

Etwas Sauce unter Rühren in die Eigelb gießen. Eigelb-Saucen-Mischung zurück in den Topf gießen und die Sauce erneut erhitzen, dabei auf keinen Fall kochen lassen. Die Sauce durch ein Spitzsieb in eine Schüssel passieren und an einem kühlen Ort vollständig auskühlen lassen. Dabei ab und zu rühren, damit sich keine Haut bildet.

Bananensauce *Sauce à la banane*

Diese einfache Sauce erinnert geschmacklich an die Karibik und paßt gut zu exotischen Früchten.

Zutaten: Für 8 Personen

2 mittelgroße Bananen   Zubereitungszeit: 10 Minuten
Saft von 1 Zitrone   Garzeit: etwa 20 Minuten
150 ml Wasser
350 g extrafeiner Zucker
200 g Crème fraîche
100 ml weißer Rum
150 ml Milch

Die Bananen schälen, in Scheiben schneiden und sofort mit dem Zitronensaft beträufeln und vermischen, damit sie nicht schwarz werden.

Das Wasser und den Zucker in einem schweren Topf erhitzen und zu hellem Karamel kochen. Vom Herd nehmen und alle anderen Zutaten zugeben und mit einem Spatel vermengen. Den Topfinhalt erneut erhitzen und leicht köcheln lassen, dabei die Sauce die ganze Zeit sanft rühren. Vom Herd nehmen, abkühlen lassen, dann in einen Mixer umfüllen und eine Minute pürieren. Die Sauce durch ein Spitzsieb passieren und mindestens 30 Minuten kalt stellen. Servieren.

Herbstliche Sauce *Sauce automnale*

Diese fruchtige Sauce schmeckt sehr gut zu einem Kompott von Pfirsichen oder Feigen.

Zutaten: Für 8 Personen

1 Tafelapfel (etwa 100 g)   Zubereitungszeit: 5 Minuten
2 mittelgroße Bananen   Garzeit: 10 Minuten
Saft von 1 Zitrone
50 g Honig
Samen von 2 Kardamomkapseln
100 g feinkörniger Zucker
200 ml Wasser

Den Apfel schälen, das Kerngehäuse herausschneiden und das Fruchtfleisch fein würfeln. Die Bananen schälen und in Scheiben schneiden.

Die vorbereiteten Früchte mit Zitronensaft, Honig, Kardamomsamen, Zucker und Wasser in einen Topf geben, langsam erhitzen und 10 Minuten auf kleinster Flamme kochen, dann die Mischung im Mixer fein pürieren. Die Sauce durch ein feinmaschiges Spitzsieb in eine Schüssel passieren, bei Zimmertemperatur erkalten lassen und bis zum Servieren kühl stellen.

Bananensauce zu einem Mix aus exotischen Früchten und Erdbeeren.

Pflaumensauce mit Armagnac

Sauce aux pruneaux et à l'Armagnac

Im Herbst hat diese feine Sauce aus Trockenpflaumen ihre Saison. Sie paßt gut zu gestürztem Reispudding, zu einem heißen Soufflé von glasierten Maronen, zu Birnen- oder Bananeneis und ist die ideale Beigabe zu Clafoutis mit Backpflaumen.

Zutaten:

250 g Trockenpflaumen mit Stein, vorzugsweise Agen-Pflaumen, 6 Stunden in kaltem Wasser eingeweicht
150 g feinkörniger Zucker
½ Zimtstange
150 ml Armagnac
250 g Butter

Für 10 Personen
Zubereitungszeit: 10 Minuten
Garzeit: etwa 30 Minuten

Die Pflaumen abtropfen lassen, mit dem Zucker und der Zimtstange in einen Topf geben und mit Wasser bedecken. Bei schwacher Hitze aufkochen und 20 Minuten sanft köcheln. Den Topfinhalt in eine Schüssel geben, die Zimtstange entfernen, die Pflaumen abkühlen und gut abtropfen lassen und entsteinen. Die Kochflüssigkeit auffangen und beiseite stellen.

Von den Pflaumen 6 Stück in kleine, gleichmäßige Würfel schneiden und in einer Schüssel zurückbehalten. Die restlichen Pflaumen mit 150 ml ihrer Kochflüssigkeit, dem Armagnac und 100 g Butter in einen flachen Topf geben und langsam auf etwa 60–70 °C erhitzen. Die Mischung in einen Mixer geben und 1 Minute aufschlagen. Das Pflaumenpüree in einen sauberen Topf umfüllen, die verbliebene Butter portionsweise unterschlagen und soviel von dem zurückbehaltenen Sirup unterrühren, bis die Sauce bandartig vom Löffel fließt. Die Pflaumenstückchen hinzufügen und die Sauce lauwarm servieren oder bis zu 30 Minuten in einem nicht zu heißen Wasserbad warm halten.

Orangenbutter *Beurre à l'orange*

Eine delikate Beigabe zu Crêpes, einer warm servierten Pflaumentarte oder einem luftigen Schokoladen-Soufflé.

Für 6 Personen
Zubereitungszeit: 5 Minuten
Garzeit: etwa 10 Minuten

Zutaten:

Saft von 6 Orangen (jede etwa
250 g schwer), abgeseiht
100 ml Puderzucke
125 g weiche Butter

Orangensaft und Zucker in einem Topf verrühren und bei mittlerer Hitze um die Hälfte einkochen, dabei entstehenden Schaum entfernen. Die Kochplatte ausschalten und die weiche Butter portionsweise unterrühren. Die Sauce bei Zimmertemperatur servieren.

Warme Pflaumentarte mit Orangenbutter.

Englische Creme   *Crème anglaise*

Englische Creme serviert man zu einer Vielzahl von kalten Desserts. Als Beigabe zu einem warmen Dessert wird die Vanillesauce leicht erwärmt, mit einem Schuß Grand Marnier, Champagner oder anderem Alkohol verfeinert und dann im Mixer aufgeschlagen. Das macht die Sauce schön leicht und schaumig. Englische Creme kann auch zu Vanille-Eiscreme weiterverarbeitet werden.

Ergibt etwa 750 ml
Zubereitungszeit: 15 Minuten
Garzeit: etwa 5 Minuten

Zutaten:
6 Eigelb
125 g feinkörniger Zucker
500 ml Milch
1 Vanilleschote, längs aufgeschnitten

Eigelb mit 40 g Zucker aufschlagen (1), bis die Masse dick und schaumig ist (2). Die Milch mit der Vanilleschote und dem restlichen Zucker in einen Topf geben (3), kurz umrühren und aufkochen. Die kochendheiße Milch mit dem Schneebesen in die Eigelbmasse einrühren. Die Eiercreme zurück in den Topf füllen und unter ständigem Rühren behutsam auf etwa 80 °C erhitzen. Die Creme sollte so dick sein, daß sie leicht am Löffel haftet. Die Vanilleschote herausnehmen und die Sauce in eine saubere Schüssel umfüllen, die auf gestoßenem Eis steht, damit der Kochvorgang sofort beendet wird (4). Die Sauce von Zeit zu Zeit mit einem Holzlöffel umrühren, damit sie nicht gerinnt und sich auf ihrer Oberfläche keine Haut bildet. Die völlig erkaltete Sauce mit Klarsichtfolie abdecken und bis zum Servieren mindestens 2, aber höchstens 48 Stunden im Kühlschrank aufbewahren.

Englische Creme mit Kaffee oder Schokolade:
Die Englische Creme nach dem Grundrezept zubereiten, jedoch anstelle der Vanilleschote 2 Eßlöffel Instant-Kaffeepulver oder 60 g geschmolzene Zartbitterschokolade hinzufügen (5 und 6).

Zitronen-Cremesauce *Crème au citron*

Diese herrlich säuerliche Cremesauce ergibt, serviert mit Erdbeeren, Himbeeren, roten und schwarzen Johannisbeeren, das ideale Sommerdessert. Sie können das Aroma dieser Sauce noch verstärken, indem Sie fein gehackte Stücke kandierter Zitronenschale kurz vor dem Servieren unter die Sauce rühren.

Zutaten:
240 ml Sahne
200 g extrafeiner Zucker
240 ml Zitronensaft (von 6 Zitronen)
6 Eigelb

Für 4 Personen
Zubereitungszeit: 15 Minuten
Garzeit: etwa 5 Minuten

Die Sahne mit 60 g Zucker und dem Zitronensaft in einem schweren Topf zum Kochen bringen. Die Eigelb mit 80 g Zucker in einer Schüssel schaumig schlagen. Die kochende Sahne unter ständigem Schlagen unter die Eigelb rühren. Die Cremesauce wieder in den Topf gießen und bei schwacher Hitze 2 Minuten mit einem Holzlöffel rühren. Sie darf auf keinen Fall kochen. Durch ein Spitzsieb in eine Schüssel passieren und an einem kühlen Ort abkühlen lassen. Dabei gelegentlich rühren, damit sich keine Haut bildet. Sobald die Cremesauce ausgekühlt ist, mit Klarsichtfolie abdecken und kalt stellen.

Jasmintee-Cremesauce *Crème au thé au jasmin*

Diese köstliche Sauce basiert auf einem Rezept des früheren großen Meisterkochs Alain Chapel. Besonders gut schmeckt sie zu einer Scheibe frisch getoastetem Brioche, die mit Puderzucker gestäubt wird.

Zutaten: *Für 4 Personen*
4 Eigelb — *Zubereitungszeit: 15 Minuten*
75 g brauner Zucker — *Garzeit: etwa 20 Minuten*
60 ml Milch
400 ml Sahne
3 TL Jasmintee

Die Eigelb und den braunen Zucker in eine Schüssel geben und mit einem Holzlöffel etwa 1 Minute verrühren.

40 ml Milch mit 150 ml Sahne in einem kleinen Topf zum Kochen bringen. Sofort vom Herd nehmen und den Tee zugeben. Zudecken und 2 Minuten ziehen lassen.

Die heiße Tee-Sahne unter kräftigem Schlagen unter die Eigelb mengen. Die restliche Sahne zugießen und die Masse bei Raumtemperatur 30 Minuten durchziehen lassen.

Die Sauce durch ein Spitzsieb in einen sauberen Topf passieren und etwa 5 Minuten bei geringer Hitze unter ständigem Rühren mit einem Holzlöffel abziehen, ohne daß die Sauce dabei zu kochen beginnt. Die restliche Milch unterrühren. Abkühlen lassen, dabei gelegentlich rühren, damit sich keine Haut bildet. Zudecken und mindestens 30 Minuten kalt stellen. Servieren.

Kirsch-Sabayon *Sabayon au kirsch*

Es gibt viele, die sich die Zubereitung eines Sabayons nicht zutrauen, aus Angst, es könnte gerinnen. Dabei läßt es sich in einem heißen Wasserbad oder auf dem Herd bei sehr kleiner Hitze ohne großes Risiko aufschlagen.

Wenn Sie ein Sabayon als Teil eines Desserts servieren, z. B. zu roten Beeren oder mit Himbeeren gefüllten Crêpes, löffeln Sie es über das Dessert und stellen Sie es unter den heißen Grill, bis die Oberfläche leicht braun wird.

Zutaten: *Für 4 Personen*

120 g extrafeiner Zucker *Garzeit: 3–4 Minuten und die Zeit zum Abkühlen*

100 ml Wasser

6 Eigelb Den Zucker und das Wasser in einen kleinen schweren Topf geben, zum Kochen bringen und abkühlen lassen.

Die Eigelb und 75 ml des Kirschs zugeben (1). Sind Sie mit der Technik gut vertraut, den Topf auf den Herd stellen und die Zutaten bei sehr kleiner Hitze zu einem glatten, dicken Schaum aufschlagen. Dabei den Topf beim Rühren gelegentlich etwa 30 Sekunden vom Herd nehmen und erneut auf den Herd stellen. Eine noch sicherere Methode ist es, die Schüssel auf einen Topf mit köchelndem Wasser zu stellen. Darauf achten, daß der Boden der Schüssel das Wasser nicht berührt. Die Zutaten zu einem glatten dicken Schaum aufschlagen. Dann die Hitze erhöhen und das Sabayon weiterschlagen, bis die Schaumcreme in einem breiten Band vom Schneebesen läuft (2). Den restlichen Kirsch zugießen und den Topf vom Herd nehmen. So schnell wie möglich servieren.

Sommerfrüchte mit glänzendem Kirsch-Sabayon.

Kaffee-Sabayon mit Tia Maria

Sabayon au café Tia Maria

Diese schaumige Sauce ist eigentlich schon ein Dessert für sich, aber sie paßt zum Beispiel auch gut zu Nachspeisen wie einem Gâteau de riz impératrice, einer feinen Apfeltarte oder pochierten Birnen in Sirup.

Zutaten:

50 ml kaltes Wasser
2 EL Instant-Kaffeepulver
50 g feinkörniger Zucker
4 Eigelb
50 ml Tia Maria

Für 4 Personen
Zubereitungszeit: 15–20 Minuten
Garzeit: 15–20 Minuten

Einen großen Topf mit genügend Platz für eine Rührschüssel zur Hälfte mit warmem Wasser füllen. In der Rührschüssel das Kaffeepulver in dem kalten Wasser mit einem Schneebesen auflösen. Die restlichen Zutaten unter Rühren hinzufügen.

Die Schüssel in den Topf mit Wasser stellen und bei mittlerer Hitze aufsetzen. Den Inhalt der Schüssel mit dem Schneebesen 10 bis 12 Minuten kräftig aufschlagen. Die Wassertemperatur im Topf darf 90 °C nicht übersteigen, weil das Sabayon sonst gerinnt. Die Sauce selbst sollte nicht über 55 °C erhitzt werden. Sie ist fertig, wenn sie die Konsistenz von dichtem Eischnee erreicht hat, d. h. dickcremig, locker und glänzend ist. Sobald die Sauce diese Beschaffenheit hat, sie nicht mehr weiter aufschlagen.

Die Sauce in Schälchen, Stielgläser oder eine Sauciere füllen und sofort servieren.

Karamel-Sabayon *Sabayon au caramel*

Servieren Sie dieses einfache und köstliche Sabayon zu in weißem Rum mazerierten Früchten Ihrer Wahl. Gießen Sie die Creme über die Früchte und stellen Sie die Früchte mit dem Sabayon kurz unter den heißen Grill, bis es leicht Farbe genommen hat.

Zutaten: *Für 4 Personen*

100 g extrafeiner Zucker *Garzeit: etwa 10 Minuten*
120 ml Crème double
4 Eigelb
Saft von 1 Zitrone

Den Zucker in einem mittelgroßen Topf mit Sandwichboden erhitzen, bis er flüssig wird und Farbe nimmt. Mit einem Holzlöffel vorsichtig rühren, bis der Karamel klar ist und eine bernsteinfarbene Tönung annimmt. Sofort vom Herd nehmen.

Beim nächsten Schritt müssen Sie sehr sorgfältig vorgehen. Stellen Sie sich im größtmöglichen Abstand zu dem heißen Karamel und geben Sie die Crème double zu. Der Karamel wird jetzt für einige Sekunden spritzen und kräftig brodeln. Anschließend rühren und erneut sanft erhitzen, bis sich der Karamel vollständig aufgelöst hat und die Creme glatt ist. Vollständig auskühlen lassen.

Die Eigelb mit der ausgekühlten Creme in einen sauberen Topf geben. Den Zitronensaft hinzufügen und bei schwacher Hitze aufschlagen. Mit einem Zuckerthermometer die Temperatur prüfen. Sobald das Sabayon 60 °C erreicht, den Topf vom Herd nehmen. Wenn Sie kein Zuckerthermometer zur Verfügung haben, prüfen Sie die Temperatur mit dem Finger. Es hat die richtige Temperatur, wenn es zu heiß ist, als daß Sie Ihren Finger länger als einen kurzen Moment in das Sabayon eintauchen können. Sofort servieren.

Konditorcreme *Crème pâtissière*

Konditorcreme ist für Desserts das, was Kalbsfond für schmackhafte Saucen ist: Sie ist die Grundlage für eine Vielzahl von Desserts. Sie ist einfach zubereitet und schmeckt lecker.

Ergibt etwa 750 g
Zubereitungs- und Garzeit: 15 Minuten

Zutaten:
6 Eigelb
120 g extrafeiner Zucker
40 g Mehl
500 ml Milch
1 Vanilleschote, längs aufgeschlitzt
Butter oder Puderzucker, zum Bedecken

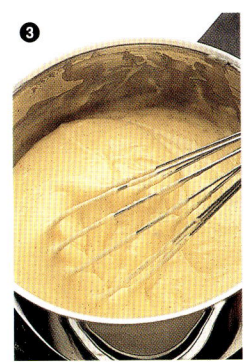

Die Eigelb und 30 g Zucker in eine Schüssel geben und dick und schaumig schlagen. Das Mehl hineinsieben und die Masse glattrühren (1).
Die Milch, den restlichen Zucker und die Vanilleschote in einem schweren Topf zum Kochen bringen. Die Vanilleschote entfernen und ein Drittel der kochenden Milch unter ständigem Schlagen in die Eimasse gießen (2). Die Ei-Milch-Masse wieder in die Kasserolle gießen und bei schwacher Hitze unter ständigem Rühren zum Kochen bringen (3). 2 Minuten köcheln lassen, bis die Creme glatt und dick ist. Dann in eine Schüssel rühren und abkühlen lassen. Ein Stück Butter über die heiße Oberfläche der Creme streichen (4) oder mit Puderzucker stäuben, damit sich keine Haut bildet, während die Creme abkühlt. Kalte Konditorcreme vor der weiteren Verwendung durch ein Sieb streichen, damit sie wieder locker wird.

Die Konditorcreme rühren, bis sie glatt ist und glänzt.

Chiboust-Creme *Crème chiboust*

Diese empfindliche, aber köstliche Creme wird für festliche Desserts, wie puits d'amour (Windbeutel), verwendet. Aromatisieren Sie die Konditorcreme anstelle der Vanille nach Geschmack mit Curaçao, Grand Marnier oder Rum.

Zutaten:
750 g Konditorcreme (S. 40), handwarm abgekühlt
700 g frisch zubereitete Italienische Meringe (S. 44), handwarm abgekühlt

Ergibt 1,3 kg
Zubereitungszeit: 25 Minuten

Die Vanilleschote aus der handwarmen Konditorcreme entfernen, dann mit einem Schneebesen ein Drittel der Meringe unter die Creme heben. Mit einem Spatel die restliche Meringe behutsam unterheben. Möglichst kurz unterarbeiten, damit die Creme locker und leicht bleibt.

Für eine besonders aromatische Chiboust-Creme die Konditorcreme mit Alkohol parfümieren. Die Creme auf 60 °C erwärmen und zwei in kaltem Wasser eingeweichte und ausgepreßte Blatt Gelatine unter die Creme rühren, bis sie vollständig aufgelöst sind. Etwas abkühlen lassen, dann die Meringe unter die handwarme Creme heben.

Schokoladen-Chiboust-Creme: 75 g helle oder dunkle geschmolzene Kuvertüre unter die handwarme Konditorcreme heben.

Chiboust-Creme als Füllung für puits d'amour (Liebesbrunnen).

Italienische Meringe *Meringue italienne*

Diese gekochte Meringe wird zum Lockern von zahlreichen Cremes, wie Buttercreme und Chiboust-Creme verwendet. Der Glukosesirup ist nicht zwingend notwendig, er verhindert aber die Bildung von Zuckerkristallen. Die Mengenangaben entsprechen den Mindestmengen für eine wirklich gute Meringe. Überschüssige Mengen können in einem luftdicht verschließbaren Gefäß bis zu einer Woche aufbewahrt werden.

Zutaten:
6 Eiweiß
80 ml Wasser
360 g Zucker
30 g Glukosesirup
(nach Belieben)

Sonderausstattung:
Zuckerthermometer

Ergibt etwa 700 g
Zubereitungszeit: 7 Minuten
Kochzeit: 15 Minuten

Die Eiweiß in die Schüssel eines Elektro-Mixers oder einer Küchenmaschine geben. In einem schweren Topf mit Sandwichboden das Wasser, den Zucker und den Glukosesirup bei mittlerer Hitze zum Kochen bringen. Mit einem Holzlöffel rühren. Die Oberfläche abschäumen und den Innenrand des Topfes mit einem in kaltes Wasser getauchten Backpinsel abwischen. Die Hitze heraufschalten, so daß der Sirup kräftig kocht, das Zuckerthermometer in den kochenden Zucker halten und die Temperatur messen.

Ist das Zuckerthermometer auf 110 °C gestiegen, die Eiweiß zu einem steifen Eischnee schlagen. Den Zuckersirup im Auge behalten, den Topf vom Herd nehmen, sobald der Sirup 121 °C heiß ist.

Bei kleinster Geschwindigkeit den heißen Zuckersirup in einem dünnen Strahl in die geschlagenen Eiweiß laufen lassen und dabei darauf achten, daß der Sirup nicht mit dem Rührbesen in Berührung kommt. Die Meringe etwa 15 Minuten bei kleiner Geschwindigkeit schlagen, bis sie fast vollständig ausgekühlt ist. Sie kann nun weiterverwendet werden.

Buttercreme *Crème au beurre*

Diese leckere Creme läßt sich einfach zubereiten und ist gar nicht schwer oder unbekömmlich.

Zutaten:
700 g frisch zubereitete
Italienische Meringe
handwarm abgekühlt
500 g weiche Butter

Ergibt etwa 1 kg
Zubereitungszeit: etwa 10 Minuten

Eine Küchenmaschine mit der Meringe-Masse bei kleiner Geschwindigkeit laufen lassen und die Butter nach und nach in kleinen Stücken unter die Meringe schlagen. Etwa 5 Minuten weiterschlagen, bis die Buttercreme sehr glatt und homogen ist. Sofort weiterverwenden oder in einen luftdicht verschließbares Gefäß füllen, in dem es etwa 1 Woche im Kühlschrank frisch bleibt. Die Buttercreme nach dem Kaltstellen 1 Stunde bei Raumtemperatur stehen lassen und anschließend gut durchschlagen, bis sie wieder sehr glatt ist.

Chantilly-Sahne *Crème Chantilly*

Chantilly-Sahne wird zum Auflockern und zum Füllen zahlreicher Desserts verwendet. Sie kann auch pur als Ergänzung für vielerlei Desserts, Früchte und Eiscreme genommen werden.

Zutaten:
500 ml Sahne, sehr kalt
50 g Puderzucker oder
50 ml Zuckersirup (S. 10)
Vanillepulver oder Vanillinzucker

Ergibt etwa 500 g
Zubereitungszeit: 8 Minuten

Die kalte Sahne mit dem Zucker oder Sirup und der Vanille in eine gut gekühlte Schüssel eines Elektro-Mixers oder einer Küchenmaschine geben und bei mittlerer Geschwindigkeit 1–2 Minuten schlagen. Dann die Geschwindigkeit erhöhen und 3–4 Minuten schlagen, bis die Sahne fest wird und der Schlagbesen deutliche Spuren in der Sahne hinterläßt. Die Sahne nicht zu lange schlagen, sonst wird sie zu Butter.

Schokoladen-Chantilly: 2 EL gesiebtes Kakaopulver vor dem Schlagen in die Sahne rühren oder 150 g helle oder dunkle Kuvertüre schmelzen und unter ein Drittel der Schlagsahne heben. Anschließend unter die restliche Schlagsahne heben.

Nougatcreme *Crème praliné*

Der delikate, nussige Geschmack dieser Creme macht sie zu einer idealen Füllung für alle Arten von auf Biskuit basierenden Desserts.

Zutaten:

100 g geschälte Haselnüsse
500 g Konditorcreme (S. 40), durch ein Sieb gestrichen
500 g Chantilly-Sahne (S. 45)
150 g Nougat
1 TL Puderzucker

Ergibt 1,3 kg
Zubereitungszeit: 20 Minuten

Den Grill sehr heiß vorheizen. Die Haselnußkerne in der Grillpfanne verteilen und unter den vorgeheizten Grill stellen, damit sich die pergamentartige Haut löst. Die Nüsse in einem Küchentuch reiben (1), damit sich die Haut vollständig löst (2). Die Haselnüsse wieder in die Pfanne geben, mit dem Puderzucker stäuben und grillen, bis der Puderzucker karamelisiert (3). Vollständig auskühlen lassen, dann mit einem Messer hacken (4) oder mit einem Nudelholz grob zerstoßen.

Ein Drittel der Konditorcreme mit dem geschmolzenen Nougat in einer Schüssel vermischen (5) und glattrühren (6). Die restliche Konditorcreme sorgfältig unterheben.

Mit einem Spatel die Chantilly-Sahne behutsam in die Nougatcreme einarbeiten (7). Die gehackten Haselnüsse kurz vor der weiteren Verwendung unter die Creme heben (8).

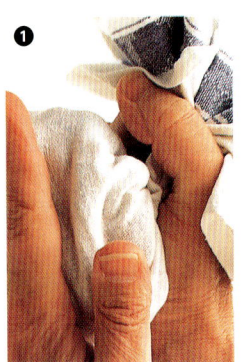

Mandelcreme *Crème d'amandes*

Diese leckere, nussige Creme wird für zahlreiche Desserts verwendet. Für eine etwas flüssigere, weichere Creme 20–30 % Konditorcreme vor der weiteren Verwendung unterheben.

Zutaten:

250 g gemahlene Mandeln
250 g Puderzucker
250 g weiche Butter
50 g Mehl
5 Eier
50 ml Rum (nach Belieben)

Ergibt etwa 1 kg
Zubereitungszeit: 20 Minuten

Die gemahlenen Mandeln und den Puderzucker gründlich miteinander vermengen. Die Butter in einen Mixer oder eine Küchenmaschine geben und schlagen, bis sie weich ist. Die Mandel-Zucker-Mischung bei mittlerer Geschwindigkeit einrieseln lassen. Sobald die Masse glatt ist, zuerst das Mehl und dann ein Ei nach dem anderen zugeben, dabei so lange warten, bis jedes Ei vollständig in die Masse eingearbeitet ist. Jetzt den Rum unter die lockere, glatte Creme schlagen.

Die Mandelcreme am besten sofort weiterverwenden.

Mousseline-Creme *Crème mousseline*

Verwenden Sie diese Creme pur oder aromatisieren Sie sie mit einem Geschmacksträger Ihrer Wahl, wie Karamel, Schokolade, Kaffee, Krokant oder Grand Marnier.

Zutaten:

750 g frische Konditorcreme (S. 40), mit 4 ganzen Eiern und 2 Eigelb zubereitet
250 g weiche Butter

Ergibt etwa 1,3 kg
Zubereitungszeit: 30 Minuten

Ein Drittel der Butter in kleine Stücke schneiden. Sobald die Konditorcreme fertig zubereitet ist, den Topf vom Herd nehmen und die Butterstücke unter ständigem Schlagen unter die Creme ziehen. In eine Schüssel umfüllen und an einem kühlen Ort stehen lassen, dabei gelegentlich rühren. Die restliche Butter in einen Elektro-Mixer oder eine Küchenmaschine geben und bei kleiner Geschwindigkeit 3 Minuten schlagen, bis sie etwas heller wird. Bei mittlerer Geschwindigkeit die abgekühlte Konditorcreme nach und nach unter die Butter schlagen. Weitere 5 Minuten schlagen, bis die Creme sehr locker und cremig ist.

Schokoladencreme *Crème au chocolat*

Diese Creme ist sehr üppig und sämig, ohne dabei zu schwer zu sein. Sie wird für eine Vielzahl von auf Biskuit basierenden Desserts und alle Arten von Schokoladenkonfekt verwendet.

Zutaten:
200 ml Crème double
150 g Zucker
120 g Kakaopulver, gesiebt, oder Zartbitterschokolade, gehackt
300 g weiche Butter

Ergibt etwa 750 g
Zubereitungszeit: 15 Minuten

Die Crème double und den Zucker in einem schweren Topf bei großer Hitze unter ständigem Rühren zum Kochen bringen. 3 Minuten kochen, dann vom Herd nehmen und das Kakaopulver oder die gehackte Schokolade und nach und nach die Hälfte der Butter unterrühren. Gelegentlich rühren, damit sich keine Haut bildet.

Die restliche Butter in einen Elektro-Mixer oder eine Küchenmaschine geben und etwa 3 Minuten schlagen, bis die Butter leicht und locker ist. Die abgekühlte Schokoladencreme bei mittlerer Geschwindigkeit Löffel für Löffel zugeben und schlagen, bis die Creme vollständig untergearbeitet ist und annähernd die lockere Konsistenz einer Mousse au Chocolat besitzt.

Die Schokoladencreme sofort weiterverwenden oder in einem luftdicht verschließbaren Gefäß kalt stellen. Die Creme bleibt etwa 3 Tage frisch.

Klassische Schokoladensauce
Sauce au chocolat riche

Diese samtige Sauce ist recht üppig und schmeckt wunderbar zu Vanille- oder Mokka-Eiscreme, aber auch zu Baisers, gefüllt mit Schlagsahne. Da werden Kindheitserinnerungen wach ...

Zutaten: *Für 6 Personen*

200 g erstklassige Bitterschokolade oder Kuvertüre, gehackt
150 ml Milch
2 EL Crème double
30 g feinkörniger Zucker
30 g Butter, gewürfelt

Zubereitungszeit: 10 Minuten
Garzeit: etwa 5 Minuten

Die gehackte Schokolade in eine Schüssel geben und im heißen Wasserbad schmelzen, dabei ständig mit einem Holzlöffel rühren, bis eine glatte Masse entstanden ist. Milch, Crème double und Zucker in einen Topf geben und unter Rühren mit einem Schneebesen aufkochen. Die kochendheiße Flüssigkeit unter die geschmolzene Schokolade rühren, dann diese Mischung zurück in den Topf geben und ein paar Sekunden unter Rühren aufwallen lassen. Die Herdplatte ausschalten und die Butter stückchenweise unterschlagen, bis die Sauce glatt und cremig ist. Durch ein feinmaschiges Spitzsieb passieren und heiß servieren.

Leichte Schokoladensauce
Sauce au chocolat légère

Diese leichte Sauce ist im Handumdrehen zubereitet und dazu auch noch verhältnismäßig kalorienarm. Sie paßt sehr gut zu Profiteroles, zu Eiscreme und Birnendesserts.

Zutaten: *Für 6 Personen*

100 g ungesüßtes Kakaopulver
150 g feinkörniger Zucker
350 ml Wasser
20 g weiche Butter

Zubereitungszeit: 10 Minuten
Garzeit: etwa 5 Minuten

Kakaopulver mit Zucker und Wasser in einem Topf zu einer glatten Masse verrühren. Auf kleiner Flamme unter ständigem Rühren aufkochen und 2 Minuten köcheln lassen. Die Butter portionsweise unterschlagen und weitere 2 Minuten kochen. Die Sauce sofort servieren oder für kurze Zeit im Wasserbad warm halten.

Schnelle Schokoladensauce   *Sauce au chocolat minute*

Diese Sauce ist ideal für ungeduldige Köche und läßt sich im Handumdrehen zubereiten. Geben Sie vor dem Erhitzen der Sahne einige Blätter Basilikum in die Sauce, damit der Schokoladengeschmack intensiver wird.

Zutaten: Für 6 Personen

250 g Zartbitterschokolade, gehackt
300 ml Sahne
1 EL Basilikumblätter (nach Belieben)

Zubereitungszeit: 5 Minuten
Garzeit: etwa 3 Minuten

Die Sahne in einem schweren Topf erhitzen, bis sie zu köcheln beginnt, dann die Schokolade unter ständigem Rühren mit einem Schneebesen unterrühren. Die Hitze reduzieren und bei niedriger Hitze köcheln lassen, bis die Sauce glatt ist und glänzt. Dann in eine Schüssel oder eine Saucière gießen und sofort servieren.

Weiße Schokoladensauce mit Minze
Sauce au chocolat blanc et à la menthe

Die Minze verleiht der Sauce eine angenehme Frische. Kombiniert mit einer dunklen Schokoladensauce, schmeckt sie nicht nur gut, sondern sorgt auch für einen schönen farblichen Kontrast.

Zutaten: Für 6 Personen

250 g weiße Kuvertüre oder weiße Schokolade, von bester Qualität, gehackt
100 ml Milch
250 ml Crème double
7 g frische Minzeblätter
2 g Kümmelkörner

Zubereitungszeit: 10 Minuten
Garzeit: etwa 5 Minuten

Die gehackte Schokolade in eine Schüssel geben und langsam im heißen Wasserbad zum Schmelzen bringen, dabei ständig mit einem Holzlöffel rühren, bis eine glatte Masse entstanden ist. Milch und Crème double in einem Topf aufkochen. Sobald Bläschen aufsteigen, Minzeblätter und Kümmelkörner hineingeben, Herdplatte ausschalten und den Topfdeckel auflegen. Die Aromazutaten 10 Minuten in der Milch ziehen lassen, dann die Milch durch ein Sieb abseihen und unter die geschmolzene Schokolade rühren. Die Schokoladensauce in einen sauberen Topf umfüllen und bei mittlerer Hitze kurz aufwallen lassen, dabei ständig weiterrühren. Die Sauce heiß servieren oder für kurze Zeit im Wasserbad warm halten.

Walnußeis *Glace noix*

Nehmen Sie, wenn möglich, frische »feuchte« Walnußkerne für dieses Rezept, damit das Eis seine helle Farbe behält und annähernd wie Vanilleeis aussieht. Wenn Sie ungeschälte Walnüsse nehmen, sollten Sie etwa 20–30 Minuten mehr für die Zubereitung einkalkulieren. Sie benötigen dann 500 g Walnüsse mit Schale.

Für 6 Personen
Zubereitungszeit: 15 Minuten
Gefrierzeit: etwa 20 Minuten

Zutaten:
750 ml Englische Creme (S. 33),
ohne Vanille zubereitet
200 g frische Walnußkerne, geschält
2 EL extrafeiner Zucker

6 große Walnußkerne für die Garnitur beiseite legen und die restlichen Nüsse in kleine Stücke brechen. Die Englische Creme zubereiten, dabei den Walnußbruch in die kochende Milch geben, noch bevor sie über die Eigelb gegossen wird.

Die fertige Englische Creme in eine Schüssel gießen und abkühlen lassen. In einen Mixer oder eine Küchenmaschine gießen (1) und 2–3 Minuten pürieren, bis die Sauce glatt ist. Etwa 20 Minuten in eine Eismaschine (Sorbetière) geben (2 und 3). Ich bevorzuge es, die Walnußkerne in der Sauce zu lassen, da das Eis dann mehr nach Walnuß schmeckt. Die Konsistenz ist zwar leicht körnig, aber dennoch weich.

Für die Dekoration den Zucker in eine beschichtete Bratpfanne streuen und kochen, bis er geschmolzen ist. Die beiseite gelegten Walnußkerne zugeben und mit einer Gabel in dem Zucker wenden (4). Die glasierten Walnußkerne einzeln aus der Pfanne heben und auf ein mit Backpapier ausgelegtes Blech setzen. Vollständig auskühlen lassen und jede Eiskugel damit garnieren.

Honigeis *Glace miel*

Servieren Sie Eis einmal etwas anders: Geben Sie eine Kugel Eis in eine gutgekühlte Kaffeetasse und gießen Sie sie mit etwas kochend heißem Kaffee auf. Machen Sie dies erst bei Tisch, so können Sie den deliziösen Kontrast zwischen dem brühheißen Kaffee und dem sehr kalten Eis sofort genießen.

Zutaten: Für 6 Personen

750 ml Englische Creme (S. 33), mit nur 75 g Zucker zubereitet
150 g flüssiger Honig
100 ml Crème double

Zubereitungszeit: 15 Minuten
Garzeit: etwa 30 Minuten

Für die Englische Creme die Milch mit dem Honig zum Kochen bringen und nach Rezept fertigstellen. Sie benötigen nur 75 g Zucker, da der Honig bereits sehr süß ist. Die Cremesauce vollständig auskühlen lassen. Die kalte Sauce direkt in eine Eismaschine abseihen und die Maschine etwa 10 Minuten laufen lassen. Solange das Eis noch sehr weich ist, die Crème double zugeben und weitere 10–20 Minuten in der Maschine kühlen, bis das Eis fest ist. Sofort servieren oder nur kurze Zeit gefrieren.

Das Honigeis in einer Kaffeetasse servieren und heißen Kaffee darüber gießen.

Safraneis *Glace safran*

Dieses wunderbare Eis besitzt ein intensives, großartiges Aroma. Es schmeckt sogar noch besser, wenn Sie die Vanillecremesauce 24 Stunden vor dem Gefrieren zubereiten.

Zutaten: Für 8 Personen

750 ml Englische Creme (S. 33), ohne Vanille zubereitet
¼ TL Safranfäden
100 ml Crème double

Zubereitungszeit: 15 Minuten
Garzeit: etwa 10–20 Minuten

Die Vanillecremesauce zubereiten und durch ein Spitzsieb passieren. Sofort die Safranfäden zugeben und abkühlen lassen, dabei gelegentlich rühren.

Die kalte Sauce in eine Eismaschine gießen und die Maschine 10–20 Minuten laufen lassen. Ist das Eis halb gefroren, die Safranfäden, die sich am Rührarm festgesetzt haben, lösen und in die Eiscreme geben. Die Crème double etwa 5–8 Minuten vor Ende der Gefrierzeit zugeben. Sofort servieren.

Zimteis *Glace cannelle*

Dieses Eis schmeckt besonders gut naturbelassen oder mit einem Löffel Klassische Schokoladensauce.

Zutaten: Für 6 Personen
750 ml Englische Creme (S. 33), Zubereitungszeit: 15 Minuten
ohne Vanille zubereitet
8 Zimtstangen Garzeit: etwa 30 Minuten
100 ml Crème double

Die Englische Creme statt mit Vanille mit den Zimtstangen zubereiten. Die Zimtstangen während des Abkühlens in der Sauce lassen.

Ist die Vanillecremesauce ausgekühlt, durch ein Spitzsieb direkt in eine Eismaschine passieren, dabei die Zimtstangen entfernen. Die Maschine laufen lassen und nach etwa 10 Minuten, wenn das Eis noch sehr weich ist, die Crème double zugeben und die Maschine weitere 20 Minuten laufen lassen, bis das Eis fest ist. Sofort servieren oder nur kurze Zeit gefrieren.

Bananeneis *Glace banane*

Achten Sie darauf, daß Sie nur sehr reife Bananen nehmen. Servieren Sie es auf kleinen Tellern und garnieren Sie es mit glasierten Maronen oder mit einer heißen Schokoladensauce.

Zutaten: Ergibt 2 l
750 ml Englische Creme (S. 33), Zubereitungszeit: 15 Minuten
mit 8 Eigelb zubereitet
150 ml Crème double Gefrierzeit: etwa 25 Minuten
750 g sehr reife Bananen,
ohne Schale gewogen
4 EL weißer Rum

Sobald die Englische Creme vollständig ausgekühlt ist, die Crème double unterrühren. Die Bananen mit dem Rum in einen Mixer oder eine Küchenmaschine füllen und glatt pürieren. In die Vanillecremesauce rühren und die Hälfte der Bananensauce in die Eismaschine gießen. Die Maschine etwa 25 Minuten laufen lassen, bis das Eis beinahe fest ist. Diesen Arbeitsgang mit der anderen Hälfte der Bananensauce wiederholen. Sobald das Eis fertig ist, in einen Gefrierbehälter füllen und bis kurz vor dem Servieren in das Tiefkühlfach stellen. Das Eis etwa 30 Minuten vor dem Servieren in den Kühlschrank stellen.

Minze-Schokoladen-Eis   *Glace chocolat à la menthe*

Servieren Sie dieses wunderbare Eis mit heißer Schokoladensauce. Köstlich!

Zutaten:
1 l Milch
50 g Minze, gewaschen und trockengetupft
250 g extrafeiner Zucker
150 g Halbbitterschokolade
65 g Kakaopulver, gesiebt
8 Eigelb
4 EL Minzelikör (nach Belieben)
150 ml Crème double

Ergibt etwa 1,6 l
Zubereitungszeit: 15 Minuten
Gefrierzeit: etwa 25 Minuten

Die Cremesauce besitzt wegen der Schokolade in diesem Rezept bereits Konsistenz, nachdem die heiße Schokoladenmilch über die Eigelb gegossen worden ist. Jedoch ist es notwendig, die Sauce bei niedriger Hitze abzuziehen, denn sie muß dick genug sein.

Für die Cremesauce zuerst die Milch, die Minze und 75 g Zucker in einem schweren Topf zum Kochen bringen. Inzwischen die Schokolade in Stücke brechen und mit dem Kakaopulver in eine Schüssel geben. In einer weiteren Schüssel die Eigelb und den restlichen Zucker schaumig rühren. Sobald die Milch kocht, unter kräftigem Rühren über die Schokolade und das Kakaopulver gießen. Jetzt unter die Eigelb-Zucker-Masse heben. Die Flüssigkeit wieder in den Topf gießen und die Sauce bei niedriger Hitze mit einem Holzlöffel rühren, bis die Sauce dickflüssig über den Löffelrücken läuft. Dabei darf sie auf keinen Fall kochen. Auskühlen lassen und 24 Stunden in den Kühlschrank stellen, damit sich alle Aromen entfalten können.

Abseihen und nach Belieben Likör und die Crème double unterrühren. Die Hälfte der Sauce in die Eismaschine geben und die Maschine etwa 25 Minuten laufen lassen, bis das Eis gut fest ist. Diesen Arbeitsgang mit der anderen Hälfte der Cremesauce wiederholen.

Sobald die Eiscreme fertig ist, in Gefrierbehälter füllen und in das Tiefkühlfach stellen. Vor dem Servieren 30 Minuten in den Kühlschrank stellen.

Passionsfrucht-Orangen-Sorbet
Sorbet aux fruits de la passion et aux oranges

Ich serviere das Sorbet in der Schale der Passionsfrucht und gebe ein paar Passionsfruchtsamen darauf.

Zutaten:
250 ml Passionsfrucht-Fruchtfleisch
200 ml Orangensaft
Saft von ½ Zitrone
200 ml Zuckersirup für Sorbet (S. 10)

Für 8 Personen
Zubereitungszeit: 10 Minuten
Gefrierzeit: 10–20 Minuten

Alle Zutaten in einen Mixer oder eine Küchenmaschine geben und 2 Minuten pürieren, anschließend durch ein Spitzsieb drücken. Die Flüssigkeit bis zum Gefrieren in den Kühlschrank stellen. In eine Eismaschine gießen und die Maschine 10–20 Minuten laufen lassen, bis das Sorbet sehr glatt und samtig ist. Am besten schmeckt es, wenn es gerade aus der Sorbetière kommt.

Himbeersorbet *Sorbet aux framboises*

Sie können anstelle von frischen Himbeeren auch aufgetaute Tiefkühl-Himbeeren nehmen, was aber doch einen kleinen Unterschied macht.

Zutaten:
450 g Himbeeren, geputzt, kurz gewaschen und behutsam trockengetupft
Saft von ½ Zitrone
250 ml Zuckersirup für Sorbet (S. 10)

Für 4 Personen
Zubereitungszeit: 5 Minuten
Garzeit: etwa 20 Minuten

Die Himbeeren in einen Mixer oder eine Küchenmaschine geben und glatt pürieren. Das Püree durch ein Nylonsieb in eine Schüssel streichen und den Zitronensaft durch das Sieb passieren. Den Sirup zugießen, zudecken und im Kühlschrank kalt stellen. Sobald die Sorbetmasse vollständig durchgekühlt ist, in eine Eismaschine gießen und die Maschine etwa 8 Minuten laufen lassen, bis das Sorbet fest ist. Sofort servieren.

Passionsfrucht-Orangen-Sorbet in einer Passionsfruchtschale serviert.

Apfelsorbet   *Sorbet aux pommes*

Dieses Sorbet sieht besonders ansehlich aus, wenn man es in einem Apfel serviert. Einfach das Fruchtfleisch aus zwei Äpfeln herauslösen und kurz vor dem Servieren mit dem Sorbet füllen. Vier Eßlöffel Glukosesirup, die während des Kochens der Äpfel zugegeben werden, geben dem Sorbet eine geschmeidigere Konsistenz. In diesem Fall nur 80 g Zucker zugeben.

Zutaten:

250 g grüne Äpfel (z. B. Granny Smith)
250 ml Wasser
100 g extrafeiner Zucker
Saft von 1 Zitrone
2 EL Calvados (nach Belieben)

Für 4–6 Personen

Zubereitungszeit: 10 Minuten

Garzeit: etwa 20 Minuten und 15–20 Minuten in der Eismaschine

Die Äpfel in kaltem Wasser waschen, vierteln und das Kerngehäuse herausschneiden. Mit dem Wasser, dem Zucker und dem Zitronensaft in einen schweren Topf geben und erhitzen. Etwa 20 Minuten pochieren, bis die Apfelstücke weich sind. Die Apfelstücke mit der Garflüssigkeit in einen Mixer oder eine Küchenmaschine geben und 3 Minuten pürieren, dann durch ein Spitzsieb drücken und das Püree bei Raumtemperatur auskühlen lassen. Mit Klarsichtfolie abdecken und in den Kühlschrank stellen, bis es in die Sorbetière kommt.

Den Calvados erst kurz vor dem Servieren in die Sorbetmasse geben und das Apfelpüree 15–20 Minuten in die Eismaschine geben.

In Gefrierbehälter umfüllen und bis zum Servieren in das Tiefkühlfach stellen. Etwa 30 Minuten vor dem Servieren im Kühlschrank antauen lassen.

Rosenblüten-Sorbet *Sorbet aux pétales de rose*

Rosen geben diesem bezaubernd schönen Dessert eine deliziöse und feine Geschmacksnote voller Romantik. Im Sommer können Sie Rosen aus Ihrem eigenen Garten für dieses köstliche Sorbet nehmen. Nehmen sie möglichst violettrote Rosen und noch Rosen einer anderen Farbe.

Die Rosenblütenblätter abzupfen und vorsichtig in kaltem Wasser waschen. Den Zucker mit 150 ml Wasser in einen kleinen schweren Topf geben und bei niedriger Hitze auflösen, dann 2 Minuten kochen und abschäumen.

Zutaten:
Blütenblätter von 24 mittelgroßen duftenden Rosen, Gesamtgewicht etwa 120 g
450 g extrafeiner Zucker
150 ml Wasser
Saft von 1 Zitrone

Für 4–6 Personen
Zubereitungszeit: 15 Minuten und 3–4 Stunden zum Trocknen der Blütenblätter
Gefrierzeit: etwa 20–25 Minuten

Den Topf vom Herd nehmen und 12 der schönsten Blütenblätter in den Zuckersirup geben. Dabei auch einige Rosenblütenblätter einer anderen Farbe mit in den Sirup geben. Die Blätter in dem Sirup auskühlen lassen, einzeln herausnehmen und auf einem Gitter 3–4 Stunden abtropfen lassen.

Das Wasser in den Zuckersirup gießen, in dem die Blütenblätter kandiert worden sind. Den Zitronensaft zugeben und zum Kochen bringen. Die restlichen Blütenblätter in den kochenden Sirup rühren, den Topf vom Herd nehmen und den Sirup bei Raumtemperatur auskühlen lassen und 1–2 Stunden in den Kühlschrank stellen.

Den Rosenblüten-Sirup durch ein Spitzsieb passieren, die Sorbetmasse in eine Eismaschine gießen und die Sorbetière 20–25 Minuten laufen lassen. Die Konsistenz des Sorbets sollte weich und cremig sein.

Das Sorbet, gleich nachdem es fertig ist, servieren. Wird es zu lange in der Sorbetière gerührt, verliert es seine lockere Konsistenz. Das Sorbet in Glas- oder Dessertschalen löffeln und mit den kandierten Rosenblütenblättern am Rand und an der Spitze garnieren.

Tee-Minze-Pflaumen-Sorbet
Sorbet aux prunes, au thé et à la menthe

Die Verbindung von Darjeeling-Tee, frischer Minze und Backpflaumen mag ungewöhnlich erscheinen, aber sie ergibt ein höchst gelungenes Sorbet. Zudem läßt es sich einfach zubereiten.

Zutaten:
175 g Zucker
1 l Wasser
20 g Darjeeling-Teeblätter
25 g Minze, gewaschen und trockengetupft
150 g entsteinte Backpflaumen

Ergibt 1,25 l
Zubereitungszeit: 5 Minuten und 12 Stunden für das Durchziehen
Gefrierzeit: 10–20 Minuten

Den Zucker und das Wasser in einem schweren Topf zum Kochen bringen. Die Teeblätter und die Minze in eine, die Backpflaumen in eine andere Schüssel geben. Den kochenden Zuckersirup über den Tee und die Minze gießen und zugedeckt 3 Minuten ziehen lassen. Dann in die Schüssel mit den Backpflaumen abseihen. Abkühlen lassen, zudecken und über Nacht in den Kühlschrank stellen.

Am nächsten Tag die Flüssigkeit durch ein Sieb passieren und die Backpflaumen abtropfen lassen. Die Flüssigkeit in eine Eismaschine gießen und die Maschine 18—20 Minuten laufen lassen. Inzwischen die Backpflaumen längs in 6 Stücke schneiden. Die Backpflaumen erst kurz vor Ende der Laufzeit der Sorbetière zugeben.

Sofort servieren. Es läßt sich auch für kurze Zeit in das Tiefkühlfach stellen, jedoch empfiehlt es sich, das Sorbet nicht länger als 2 Stunden ins Tiefkühlfach zu stellen. Es muß dann etwa 30 Minuten vor dem Servieren in den Kühlschrank gestellt werden. Im Tiefkühlfach werden die kleinen Backpflaumenstücke nämlich hart. Sie benötigen die Zeit im Kühlschrank, um wieder die gleiche Konsistenz zu bekommen wie das restliche Sorbet. Andernfalls kann es passieren, daß sich Ihre Gäste an diesem köstlichen Sorbet die Zähne ausbeißen.

Register

A
Äpfel: Apfelsorbet, 60
  Herbstliche Sauce, 29
Aprikosen: Heiße
  Aprikosensauce, 22
Armagnac: Trauben-
  Coulis mit Armagnac,
  16
  Pflaumensauce mit
  Armagnac, 30

B
Bananen: Bananeneis, 56
  Bananensauce, 29
  Herbstliche Sauce, 29
  Honigsauce, 24
Birnen: Coulis von
  Rotweinbirnen, 14
Brombeer-Coulis, 12
Butter, 6
  Buttercreme, 45
  Heiße Karamel-
    Buttersauce, 22
  Mandelcreme, 48
  Mousseline-Creme, 48
  Orangenbutter, 31
  Schokoladencreme,
  49

C
Calvados: Apfelsorbet,
  60
Chantilly-Sahne, 45
  Nougatcreme, 46
  Schokoladen-Chantilly,
  46
Chiboust-Creme, 42
  Schokoladen-
    Chiboust-Creme, 42

Coulis, 7, 9, 10–21
  Beeren-Coulis, 15
  Brombeer-Coulis, 12
  Coulis von roten
    Johannisbeeren, 11
  Coulis von Rotwein-
    birnen, 14
  Coulis von schwarzen
    Johannisbeeren, 11
  Coulis von weißen
    Pfirsichen mit
    Sternanis, 20
  Erdbeer-Coulis mit
    grünem Pfeffer, 12
  Grapefruit-Coulis mit
    Minze, 10
  Mango-Coulis mit
    Safran, 18
  Pfirsich-Coulis mit
    Lavendelhonig, 19
  Rhabarber-Coulis, 15
  Trauben-Coulis mit
    Armagnac, 16
Crème fraîche:
  Bananensauce, 29
Cremesaucen: Englische
  Creme, 33
  Jasmintee-Creme-
    sauce, 35
  Zitronen-Cremesauce,
  34
Cremes, 7
  Buttercreme, 45
  Chantilly-Sahne, 45
  Chiboust-Creme, 42
  Konditorcreme, 41
  Mandelcreme, 48
  Mousseline-Creme, 48
  Nougatcreme, 46

E
Eier, 6
  Englische Creme, 33
  Italienische Meringe,
  44
  Jasmintee-Creme-
    sauce, 35
  Kaffee-Sabayon mit
    Tia Maria, 38
  Karamel-Sabayon, 39
  Kirsch-Sabayon, 36
  Konditorcreme, 41
  Zitronen-Cremesauce,
  34
Eiscremes, 7, 52–57
  Bananeneis, 56
  Honigeis, 55
  Minze-Schokoladen-
    Eis, 57
  Safraneis, 55
  Walnußeis, 52
  Zimteis, 56
Englische Creme, 33
  Bananeneis, 56
  Englische Creme mit
    Kaffee, 33
  Englische Creme mit
    Schokolade, 33
  Honigeis, 55
  Safraneis, 55
  Walnußeis, 52
  Zimteis, 56
Erdbeer-Coulis mit
  grünem Pfeffer, 12

G
Gelatine, 6
Grapefruit-Coulis mit
  Minze, 10

H
Haselnüsse: Nougat-
  creme, 46
Heiße Aprikosensauce,
  22
Heiße Karamel-
  Buttersauce, 22
Herbstliche Sauce, 29
Himbeer-Sorbet, 58
Honig: Herbstliche Sauce,
  29
  Honigeis, 55
  Honigsauce, 24
  Pfirsich-Coulis mit
    Lavendelhonig, 19

I
Italienische Meringe, 44
  Buttercreme, 45
  Chiboust-Creme, 42

J
Jasmintee-Cremesauce,
  35
Johannisbeeren: Coulis
  von roten Johannis-
  beeren, 11
  Coulis von schwarzen
    Johannisbeeren,
    11

K
Karamel: Heiße Karamel-
  Buttersauce, 22
  Karamel-Sabayon, 39
  Karamelsauce, 26
  Mandelcreme, 48
  Üppige Karamelsauce,
  27

Kardamom: Herbst-
  liche Sauce, 29
Kirsch-Sabayon, 36
Klassische Schokoladen-
  sauce, 50
Konditorcreme, 41
  Mousseline-Creme, 48
  Nougatcreme, 46

L
Leichte Schokoladen-
  sauce, 50

M
Mandeln: Mandelcreme,
  48
Mango-Coulis mit Safran,
  18
Meringe: Buttercreme, 45
  Chiboust-Creme, 42
  Italienische Meringe,
  44
Minze: Grapefruit Coulis
  mit Minze, 10
  Minze-Schokoladen-
    Eis, 57
  Minzsauce, 23
  Tee-Minze-Pflaumen-
    Sorbet, 62
  Weiße Schokoladen-
    sauce mit Minze, 51
Mousseline-Creme, 48

N
Nougatcreme, 46

O
Orangen: Passionsfrucht-
  Orangen-Sorbet, 58

Orangenbutter, 31
Rotweinsauce, 25

P
Passionsfrucht-Orangen-Sorbet, 58
Pfirsiche: Coulis von weißen Pfirsichen mit Sternanis, 20
Pfirsich-Coulis mit Lavendelhonig, 19
Pflaumen: Pflaumensauce mit Armagnac, 30
Tee-Minze-Pflaumen-Sorbet, 62

R
Rhabarber-Coulis, 15
Rosenblüten-Sorbet, 61
Rotweinsauce, 25
Rum: Bananensauce, 29
Mandelcreme, 48
Rumsauce, 24

S
Sabayons: Karamel-Sabayon, 39
Kaffee-Sabayon mit Tia Maria, 38
Kirsch-Sabayon, 36
Safran: Mango-Coulis mit Safran, 18
Safraneis, 55
Schokolade, 6
Englische Creme mit Schokolade, 33
Klassische Schokoladensauce, 50
Leichte Schokoladensauce, 50
Minze-Schokoladen-Eis, 57
Schnelle Schokoladensauce, 51
Schokoladen-Chantilly, 45
Schokoladen-Chiboust-Creme, 42
Schokoladencreme, 49
Weiße Schokoladensauce mit Minze, 51
Süßholzsauce, 26

T
Tee-Minze-Pflaumen-Sorbet, 62
Trauben-Coulis mit Armagnac, 16

U
Üppige Karamelsauce, 27

W
Walnußeis, 52
Wein: Coulis von Rotweinbirnen, 14
Rotweinsauce, 25
Weiße Schokoladensauce mit Minze, 51

Z
Zimteis, 56
Zitronen-Cremesauce, 34

Aus dem Englischen übersetzt von Karin Hirschmann und Jens Uhrbach
Redaktion: Britta Muellerbuchhof
Korrektur: Herbert Scheubner
Herstellung: Dieter Lidl
Satz: Fotosatz Völkl, Puchheim

Copyright © 2000 der deutschsprachigen Ausgabe by Christian Verlag, München

http://www.christian-verlag.de

Die Originalausgabe mit dem Titel *Sweet Sauces, Creams & Ices* wurde erstmals 2000 im Verlag Quadrille Publishing Ltd, London, veröffentlicht.

Dieses Buch basiert größtenteils auf Auszügen aus dem Titel *Saucen – Die Quintessenz der feinen Küche* von Michel Roux.

Copyright © 1996 & 2000 für den Text: Michel Roux
Copyright © 1996 für die Fotos: Martin Brigdale
Copyright © 2000 für Design und Layout: Quadrille Publishing Ltd, London

Druck und Bindung: Dai Nippon Printing Company Ltd, Hongkong
Printed in China

Alle deutschsprachigen Rechte vorbehalten

ISBN 3-88472-482-7

HINWEIS

Alle Informationen und Hinweise, die in diesem Buch enthalten sind, wurden vom Autor nach bestem Wissen erarbeitet und von ihm und dem Verlag mit größtmöglicher Sorgfalt überprüft. Unter Berücksichtigung des Produkthaftungsrechts müssen wir allerdings darauf hinweisen, daß inhaltliche Fehler oder Auslassungen nicht völlig auszuschließen sind. Für etwaige fehlerhafte Angaben können Autor, Verlag und Verlagsmitarbeiter keinerlei Verpflichtung und Haftung übernehmen.

Korrekturhinweise sind jederzeit willkommen und werden gerne berücksichtigt.